AF364177

NOSTALGIAS, LAMENTOS Y PESARES

ExLibric

JOSÉ LUIS ROLDÁN MURILLO

NOSTALGIAS, LAMENTOS Y PESARES

EXLIBRIC

ANTEQUERA 2023

JOSÉ LUIS ROLDÁN MURILLO

NOSTALGIAS, LAMENTOS Y PESARES

A mi madre

Vuela la noche
y se nos pierde en llantos…
«Eneida»

PREFACIO

No recuerdo con certeza quién me ha enviado la foto. La contemplo absorto y extasiado, y siento como me abduce hacia su interior: atravieso el tenebroso y fresco zaguán de rugosas lozas de oscuro mármol rojo, basto y sin pulir, picado de viruela como el rostro de la luna sangrienta. Mármol plebeyo al cabo, que pudo ser en otro tiempo columna de la Mezquita de Córdoba, pero que el hado que rige la suerte de las cosas rebajó a humilde pavimento de una humilde morada egabrense. Subo el ancho escalón, más descansillo que peldaño, que salva el desnivel con el patio, y que con sus lozas ajedrezadas en blanco y negro amonesta a quien lo pisa con su particular *memento mori*: recuerda que no eres más que una figurilla atrapada en este tablero de negras noches y de blancos días que es la vida.

Cruzo el umbral, flanqueado por dos puertas gemelas de madera y cristal, uniformes e inmóviles, como dos centinelas ante su garita; me ciega la explosión de luz y de colores y de sombras que en armónica mixtura se despliega ante mis ojos y siento entonces que traspasara una puerta astral que da acceso a otra dimensión y a otro tiempo.

La boquilla de la fuente de piedra emerge sin soberbia entre el rebaño floral de las macetas, como si estuviese, cual ellas, plantada y florecida, y su chorro cantarín y charlatán me reprende nostálgico: *«¿Dónde estabas? ¿Por qué no vienes ya a sentarte en la concha, como hacían tus hermanas y tus primas? Aquí ya no viene nadie. La soledad nos consume. Ni siquiera viene ya por navidad el pavo sin cabeza a manchar de sangre las paredes blancas. Nadie viene ya de noche a ver la tele con las salamanquesas, como en el Jardín Cinema; y a discutir con el locutor del telediario y con Franco».* Sólo silencio ahora. El fresco de la noche está triste, porque ya no puede acariciar las mecedoras verdes, y el ciclópeo limonero quejándose al tejado y a los gatos del vecino: *«¿Quién cogerá ahora mis limones más altos?».* Y las flores de las macetas llorando pétalos de sangre y lamentándose: *«Toda esta belleza se marchitará, Nati, si no nos riegan con sonrisas y romanzas de doña Francisquita, ahora sólo nos echan agua».*

Oigo afligido el lamento de las cosas que fueron familiares y pienso en lo dolorosa y grave que es la ausencia, tanta ausencia acumulada, que acaba convirtiendo en oscura sombra lo que fue luz y belleza. Tanta ausencia…

RECUERDOS DE MI INFANCIA

Parece que es así, forzosamente,
que por ley natural inabolible,
cuando el tiempo se agota, la memoria
busca consuelo en la remota infancia.

Me asaltan los recuerdos, tercamente,
de aquellos días de la niñez lejana:
el verano en la *Hacienda San Antonio,*
rodeado de primas y de grillos;

los perdigones entre los rastrojos,
el columpio debajo del nogal,
las vueltas a la era sobre el trillo
—más divertido que en un tiovivo—

y, después, el paseo hasta la huerta,
a veces, en la burra *Carolina,*
metidos en los ásperos serones,
a disfrutar del codiciado baño;

el estanque blanquísimo y redondo,
reluciente, como la luna llena,
y los labios morados por el frío,
ajenos, con el juego, al agua helada;

el calor y el silencio de la siesta,
el perfume de hinojos y las moscas,
maquinando inocentes travesuras
al amparo de la frondosa higuera;

las tertulias al fresco de la noche,
escuchando los cadenciosos búhos
y, a la luz deslumbrante del carburo,
las terribles historias de los tíos:

«Aquel que ancló la hamaca entre dos árboles,
para echar una siesta placentera,
y, en el sopor del sueño, una serpiente,
buscando abrigo, anidó en su vientre».

Ya no volví a pasar, después de aquello,
cerca del sitio donde algunas veces,
entre dos *avellanos cordobeses*
enganchaba la hamaca el hortelano.

Aquellos días felices de la infancia,
cuando el alma infantil, en su inocencia,
ignoraba palabras como angustia,
y no podía intuir en su candor
lo que el hombre es capaz de hacerle al hombre.

AJEDREZ

El azar me eligió —o el cromosoma—;
quiso que yo jugara esta partida
en el extraño y singular tablero
de tenebrosas noches
y vacilantes días.
Me asignó mi lugar en los trebejos,
lejos de los monarcas;
no fui digno de recibir honores,
no me fue concedida
la diocesana dignidad del alfil
—oblicuo y solapado, cual obispo—,
ni el ardor rectilíneo
y marcial de las torres,
ni siquiera geométrico caballo
de saltos pitagóricos.
Alejado del centro,
modesto peón de torre fue mi rol.
Sobrio superviviente,
inadvertido e insignificante,
casi un espectador en el tablero,
esperando inactivo e impotente
la derrota final,
la conclusión del juego.

UN AÑO NEGRO

Son muy largos estos días oscuros.
En las noches de insomnio
lúgubres esquilones
repican tercamente
las húmedas y flébiles
palabras de Roy Batty:
«Es toda una experiencia
vivir acogotado por el miedo».
Dura ya casi un año
esta cruel pesadilla.
Hay olor a tristeza,
memoria de los muertos
y un hastío irritante
de virus y canallas.
Mi deseo, por eso,
para todos aquellos
que orbitan mi memoria
y sustentan mi afecto,
es que el naciente año
sea para todos ellos
el año en que los días
olían a primavera.

A ASR, *IN MEMORIAM*

> *… por los altos andamios de las flores*
> *pajareará tu alma colmenera*
> *de angelicales ceras y labores.*

Como una bofetada
me llegó la noticia de tu muerte.
Ahora se me hace inevitable
que a la hora del té
te vea en tu sofá
—en el mismo lugar que Sheldon Cooper—,
delgado y donairoso,
quijotesca silueta
sin lanza y sin adarga,
con la taza en la mano
al hierático modo
de un caballero inglés.
Se eclipsa para siempre
esa Luna de Hipnos,
cuando su luz más necesaria era.
Calla Juan de Baena,
cuando más consolaban sus palabras.
Ya no podrán, sin ti, los bolcheviques
asaltar en Granada

el Palacio de Invierno.
Ni la luz de la Luna
de tus noches de insomnio
aliviará mis penas
en estos días tan tristes.
Nunca podré olvidarte.
Descansa en paz, amigo.

DICES QUE NO TE AGRADA MI TRISTEZA

Dices que no te agrada mi tristeza.
¿Acaso sabes lo que yo he sufrido?
¿Sabes cómo la angustia me corroe
esperando la próxima palabra
salida de tu boca como un tiro?

¿Sabes, acaso, del enorme esfuerzo
necesario para cambiar de estado?
¿Lo que cuesta vivir en la mentira?
¿Qué difícil encubrir tanto llanto
y que no quede rastro en la mirada?

No tengo —ya lo sé— esa alegría
con la que —dicen— viven los que han visto
de cerca el rostro de la muerte,
y apuran codiciosos y tenaces
cada instante, como si fuese el último.

Es verdad que lo he visto, y no la tengo.
Yo, al contrario, miro para atrás,
y me aflijo y lloro amargamente
por lo que pude hacer y nunca hice,
y para lo que ya no queda tiempo.

Y si miro al futuro con empeño,
me entristezco, porque lo veo esquivo.
Nunca me traerá lo que deseo:
conocer los jardines de Kioto
y los bosques de Vermont en otoño.

¿Qué quieres que haga, entonces? La tristeza,
piadosa, me invade hasta la médula,
y lloro oyendo a Amalia cantar fado,
o leyendo la *Eneida* de Virgilio,
o cuando Lulú salta por el puente.
¿Y todavía quieres que sonría?
¿Dime de dónde sacaré las fuerzas
para hacer frente a lo que no será,
o para rescatar lo que he perdido,
si sabes que no sirvo para nada?

Ahora…
(que ya no tengo perro que me ladre
y me lama las lágrimas si lloro;
que me lleno de angustia y me acongojo,
porque olvidé todo lo que he leído),
… ahora, sólo ella me consuela.

AMOR Y MUERTE

El final del viaje ya se acerca.
Aliviará la oscuridad mi suerte.
Ya oigo las pisadas de la muerte
y siento el pulso de la Parca terca.

Impía y obstinada y cruel se enterca
en estrechar los días de quererte.
Sutil y vaporosa, pero fuerte,
el sitio hecho a la vida no descerca.

No triunfará sobre mi amor ausente,
ni extinguirá el fuego arrebatado,
el frío olvido, de mi pecho ardiente.

Nube serán los labios que has besado;
serán nada, mas nada vehemente;
polvo serán, mas polvo enamorado.

AQUELLA CHICA

Fue en ese cine, ¿te acuerdas?,
en una mañana, Al este del Edén…

Nunca supe su nombre
y nunca volví a verla
después de aquella tarde.
Era ya primavera
y en nuestros quince años
palpitaba el deseo
vehemente en las venas.
Habíamos ido al cine
(el cine Magdalena;
recuerdo la película:
La mujer indomable,
con Elizabeth Taylor,
de esposa exuberante
de furia y de turgencias,
echando leña al fuego
de la concupiscencia).
Estaba el cine lleno,
ya había empezado el nodo,
la pantalla y la sala:

tiniebla en blanco y negro.
Me deparó el azar
—en una de sus tretas
de diosa caprichosa—
sentarme al lado de ella.
Nos rozamos los brazos
tremolantes y cálidos,
que mantuvimos juntos
hasta que lo impidió
el odioso descanso.
Se fue con las amigas,
guapísima y pequeña.
Eso me pareció,
sólo la vi esa vez…
Debo a esa artificiosa
treta de la vejez,
que consiste en sacar
del hondo subconsciente
la memoria más íntima,
revivir su recuerdo
y constatar, nostálgico,
qué placeres ingenuos
nos hacían dichosos
aquellos días remotos,
cuando en nuestra inocencia,

ajena de pesares,
y también de vileza,
todavía ignorábamos
lo que ahora sabemos,
fatalmente sabemos.

ATARDECER

He pasado la infancia
muy lejos de mi casa.
Mi juventud se fue
tras sueños imposibles.
Y a todo llegué tarde,
menos a las desdichas,
que vinieron a mí
temprana y bruscamente.

He sufrido la vida
detrás de la alambrada
—en este zoo con perros policías—
viendo la libertad,
inalcanzable y verde,
soñada y esfumada.
Perdido y consumido
en un esfuerzo estéril.

Ahora sé que sólo
la estupidez conforta.
También la religión.
Mas ahora, en esta edad provecta,

ya es tarde para todo.
Ya sólo hallo aliento
cuando tus dulces labios
acarician mis lágrimas.

CÁLIDO SONETO AL VERANO INSUFRIBLE DE SEVILLA

Flaquear, alelarse, estar nervioso,
rígido, flojo, tenso, abdicativo,
lánguido, inquieto, dócil, agresivo,
húmedo, rezumante y sudoroso;

sentirse exacerbado, crapuloso,
incontinente, sensual, lascivo;
no gozar de remedio paliativo
y no hallar modo de encontrar reposo.

Recontar las ovejas del rebaño,
en lugar de dormir, es lo más grave;
y, a falta de piscina, darse un baño;

Tórrido, recio, cálido, suave:
aquí el verano dura todo el año.
Esto es calor, quien lo sufrió lo sabe.

CANCIÓN PARA CANTAR EN AÑO NUEVO

Nada nuevo me trajo el año viejo.
Nada nuevo ni bueno; así es la vida.
Así, los días del hombre, amalgamados
de penas y de ausencias y mentiras;
de Caínes y Abeles, que repiten
la fratricida inmemorial rutina.

Y ahora, cuando el año se consume,
cuando ya casi no me importa nada
—y, sin embargo, casi todo duele—,
vienes con tu mensaje de esperanza,
tan impostado como tu sonrisa,
a manchar mi tristeza con palabras.

Qué esperar cuando no hay esperanza,
cuando ya no es posible dar la vuelta
ni reaccionar ni corregir el rumbo.
Cuando no queda tiempo ya siquiera
para decir «me equivoqué, lo siento»,
y honrosamente abandonar la escena.

Cuando estos pilares se derrumban,
porque ya no soportan tu belleza
de diosa indiferente y arrogante.
Cuando el naufragio siembra las riberas
del curso de mi vida de ruinas.
Cuando el fracaso corre por mis venas.

Y ahora que el deseo languidece
vienes tú a ofrecerte, ¡oh, Esperanza!,
en la confusa linde de los sueños,
como una de esas cortesanas
bellísimas que acuden con la noche
y huyen con la luz de la mañana,

y no regresan nunca, fugitivas.
¿Ahora vienes, furcia descarada?
¿Ahora que el ladrido de los perros
duele más que sus fieras dentelladas?
¿Ahora que los sueños me consuelan?
Ahora ya no quiero tus palabras.

A Lola, nuestra perrita, *in memoriam*

Llegaste por sorpresa
en una caja roja de cartón
con dibujos de perros,
o de huellas de perro, no recuerdo.

Yo no te quise entonces
y tú, sin duda alguna, lo supiste.
Y con ese cariño
con que queréis los perros,
es decir, más fanático
que sereno y devoto,
sin rencor te entregaste.

Te veo en el jardín:
una centella blanca
surcando el mar de césped.
María en Inglaterra;
y tú, como tu «abuelo»,
devorando los libros,
las gafas y las plumas.
Y así pasó tu infancia

—dicen que son siete años
para un perro el año de un humano—,
para mí fue un suspiro.

Y entraste en nuestras vidas,
y alegrabas el día
cuando venías los sábados.
Tus orejas enhiestas
levantadas al viento
cual pabellón pirata.
Tus bellos ojos negros
separados por esa raya blanca,
ecuador refulgente en tu cabeza.
Tu saludo bizarro:
la patita ofrecida al visitante.
Y esa triste mirada que ya intuye
cómo la vida cambia en un instante,
incluso para un perro.

Y así fue. Llegó ella,
ansiosa y prematura.
Con su asquerosa garra,
cruel y despiadada,
te arrebató la vida.
¡Ah, la impaciente y rencorosa Parca!

Mas aunque te hayas ido, no te marchas,
para nosotros vives.
Nos hiciste felices
los cortos días de tu adversa vida.
Te quisimos; nunca te olvidaremos.
Descansa en paz. Descansa.

Cierta palidez

¿Viene tu palidez de aquel hastío
de trepar por los cielos contemplando
la tierra, ¡oh! tú la errante y solitaria?

A mí esa palidez me tiñe, a veces,
por el hastío de contar los días
como un preso privado de esperanzas
—«como un preso sin cárcel», dijo Kippling—,
como un preso sin voz para quejarse,
o, peor todavía,
como esos pobres hombres
a los que nadie odia ni desprecia,
sino, sencillamente,
que se ignoran como a un pariente pobre;
como esos pobres hombres
a los que nadie escucha cuando hablan.
A los que nadie nunca
les dirá, compasivo, ¿qué decías?

No comprendo, así pues, de qué te quejas,
yo te cambio en el acto
mi *soledá* oprimida
por tu errar solitario,

tu palidez hermosa
de *jarabe hidroclórico*
por esta palidez
teñida de vacío y desamparo,
y tu hastío, tan bello,
por esta náusea lúcida,
por este sinsentido tan humano.

COSAS DE VIEJO

Ay, vejez, si contigo al llegar
no trajeras ningún otro mal,
este ya bastaría:
que al vivir mucho tiempo,
muchas cosas verás que no querrías.

A menos que uno sea como Catón:
rico, sano, lúcido y amado,
se le quitan a uno
las ganas de ser viejo.
Llegada cierta edad, la soledad,
situación envidiable para un joven,
se torna detestable y oprobiosa;
la enfermedad, insufrible y humillante;
y esa fatal certeza de saber
que uno ha recorrido ya el camino
impide levantar los pies del suelo
camino de la nada.
Privado de papel en la función,
echado del proscenio al gallinero,
relegado al papel de espectador,
¿qué es lo que queda, entonces?, te preguntas.
Pues eso, te respondo,

mirar despreocupado, que no es poco.
Esa felicidad
del que nada ambiciona y nada espera.
Digo ese estado al que aspiran los viejos.
No vivir, contemplar
la vida de los otros
—es decir, sus desdichas—
como si fueras Dios,
curioso y compasivo.
Así es bella la vida —me consuelo—
como en el cine o en las canciones tristes,
en las que el sufrimiento, siempre ajeno,
y el dolor, sublimados por el arte,
nos conmueven sólo por su belleza.
Ya es bastante felicidad vivir,
creo, despreocupado para un viejo.

DESPUÉS SÓLO HUBO LODO

De que poco sirvió
hacer la revolución en las tabernas…
Los años nos mostraron
qué ilusa estéril patria
era nuestro legado;
o, peor todavía,
qué legado de espanto
la Arcadia prometida.
El tiempo desveló
una inmensa mentira.
Esos años perdidos
a la busca de un sueño
que se supo imposible,
urdido por filántropos
gazmoños y onanistas,
que buscan solamente
su propio beneficio.
Esos años robados
a la ingenua inocencia
de la ambiciosa y zote juventud,
siempre dispuesta a comerse el mundo.
Los años se encargaron

de someter los sueños
al frío orden cósmico:
Homo homini lupus…
Después sólo hubo lodo.

DIOS SUEÑA

¿Qué confuso laberinto
es este, donde no puede
hallar la razón el hilo?

Prefiero ese lugar
donde todo es posible,
a este áspero mundo de mentira.
Ese lugar: los sueños.
Allí donde sí existe
eso que aquí llamamos,
ingenuamente, la felicidad.
Ese lugar donde uno puede ser
lo que nunca será y nunca fue,
pero siempre anheló.
Donde las desdichas son llevaderas,
las alegrías gratis
y dulces son las penas.
Donde el dinero no corrompe el alma,
ni el implacable tiempo pudre el cuerpo.
Donde hay esperanza.
Donde el horror se espanta
y el miedo se conjura
con sólo un parpadeo.

Donde embriagan los besos
y se colma el deseo.
Ilusorio orbe profundo, ¡los sueños…!
¿Qué somos si soñamos, si Dios sueña?

EL AMOR EN UN TANKA

Para cantarte
me falta fantasía.
Para quererte
me sobra sentimiento.
¡Qué arduo es el amor!

¡HOLA, FELICIDAD!

¡Hola, Felicidad!
Otra vez tú aquí por Navidad,
repartiendo mentiras,
que sacas incansable de tu fardo
cual si fuesen regalos.
Aquí otra vez, como si un mecanismo
preciso e implacable te impulsara.
Llegas y dejas tu regalo de Reyes:
angustias y pesares,
como todos los años
desde hace ya algún tiempo.
Quiero ser optimista, sin embargo,
para que no me riñan los que quiero.
Me olvido de los hechos y lo intento:
paso la tarde oyendo en YouTube
villancicos ortodoxos, cantados
por un coro de popes
barbudos y empapados en vodka,
sentado en torno al árbol
florecido de luces
y de buenos deseos
y de bolas de plástico.
De verdad que lo intento;

sin embargo, me siento
como esa rama seca,
irremisiblemente condenada,
que sucumbe al engaño
y arroja algunas hojas verdecidas
en un esfuerzo inútil
de aferrarse a la vida.
Lo intento, y la mentira
sólo agranda mi pena.
Felicidad, te digo,
creo que ya he pagado
en estos largos años
la hipoteca de penas y amargura
que cobras por la vida
—no exenta de intereses usurarios
de desconsuelo y llanto—.
Gracias por visitarme,
pero si puede ser,
si no es mucho pedir,
aunque sea Navidad,
no hace falta que vuelvas.

EL OTRO

Otro vive mi vida
cuando el sueño me vence.
Vive mi vida libre de congojas,
usurpa mi lugar al otro lado,
en el profundo e ilusorio orbe;
dispone de mis cosas
y de mis sentimientos
sin cargar, sin embargo,
con la alícuota parte de mis penas.
Ningún esfuerzo debió hacer tampoco
para llegar a ser lo que yo he sido,
si es que llegué a ser algo
que requiera un esfuerzo.
Vive mi vida, imprimiendo mi huella
en paisajes en los que nunca estuve:
en montañas nevadas
o en verdes praderas,
tan familiar y tan habituado
como si fuese un copo
o una brizna de hierba.
Ignora, no, desprecia
las leyes de la física
y el tiempo no lo hiere,

ni la muerte lo acecha.
A veces tú apareces,
tan distante y ajena,
y le dices al otro
lo que nunca quisiste a mí decirme
—si por indiferente o compasiva—,
y me entristece, y me come la envidia.
Y, a veces, me rebelo
y te digo colérico:
«Cuando cierre los ojos
definitivamente,
¿qué futuro os aguarda,
quién sostendrá la trama
cuando yo ya no os sueñe?;
seré yo quien usurpe
—en el sueño de otro,
o en el tuyo, tal vez—
mi propia decadencia y desconsuelo,
y serán para siempre
sólo míos tus besos».
Y serán para siempre…, me repito.
¿Cómo será ese siempre?
¿Cómo se mide el tiempo de los muertos,
cuando nadie los sueñe o los recuerde?
¿Qué será de mis muertos,
cuando desaparezcan de mis sueños?

EL RETABLILLO

Era pundonoroso y ambicioso,
altivo, jactancioso y engreído;
su maldad, superior a su talento
y harto menor que su vanidad.
Era listo, más listo que los otros,
«no hace falta que sepan —sentenciaba—,
me basta con que sean
dóciles y sumisos»;
sobra decir, es obvio,
quién sería el caudillo.
No fue tarea fácil
formar su retablillo,
no por falta de intérpretes,
sino justo lo opuesto:
la cifra exorbitante de dispuestos,
pues es bien conocido
que el número de necios
se acerca al infinito,
y no digamos nada
de mansos y sumisos.
Una vez por semana
hacían su teatrillo.
Y a veces, sólo a veces

—pues no era descuidado—,
asomaba su mano por encima
del telón del retablo,
manejando los hilos de sus títeres
con gracia y desparpajo.
Como todo termina,
también llegó su hora;
y cayó, como caen
hoy día los poderosos:
sobre un colchón de plumas,
o en el consejo de una empresa pública.
Otro titiritero
ocupó su lugar
y… todo sigue igual:
las mismas marionetas,
la misma bufonada,
y nosotros los mismos:
público indiferente
o, acaso, algo peor:
cándidos figurantes
en esta burda farsa.

ESTO ES AMOR...

¿Quién no gustó la cálida caricia
por las amantes manos prodigada,
y posó la mirada arrebatada
sobre el objeto que el amor codicia?

¿O a la luz de la luna, que propicia
sueños de la razón enajenada,
besó dichoso el rostro de la amada,
entregado al deseo sin pudicia?

¿Quién del acero del puñal de Bruto
no sintió en un beso el deslizar suave?
¿O un «te quiero», sucio como un esputo,

más repugnante y más letal, si cabe,
que un «quizás» o un «tal vez» irresolutos?
Esto es amor, quien lo probó lo sabe.

JOB 14,1

El hombre nacido de mujer,
corto de días y harto de pesares.

Hace ya tiempo que no me visitas,
y no sé si te añoro o te desprecio,
cansado ya de todo y de esperarte,
harto de tus promesas y mentiras,
que me das a tragar con el anzuelo
de una vida representada hermosa.
Como esas estatuas de los griegos
que adornan, ostentosas, los palacios,
y realzan con su blancor ebúrneo
de los jardines el verdor monótono,
avivando el deseo de los amantes
con sus desnudas lujuriosas curvas.
Así, de esa manera, te presentas;
a la postre, una imagen engañosa.
Vanidosa y pagada de ti misma,
tu corazón y tu seso de piedra
no advierten que —al igual que esas efigies,
fijas al pedestal y mutiladas—
no sirves para nada, salvo alcándara.

Los pájaros coronarán de estiércol
tu cabeza, y el manto que te cubra
será de guano y no de blanco armiño.
Adiós, Felicidad, vete a la mierda.

INGENUOS CANALLAS

El río Avon, las coloridas casas
de los muelles de Bristol,
me traen el recuerdo de una historia
y un poema de piratas:
Blend Pew, el bucanero ciego,
cuya contraria suerte
compadeció otro ciego en un soneto
(un ciego luminoso, como Homero),
Ben Gunn y Billy Bones,
la mota negra, el mapa del tesoro,
los doblones y las piezas de a ocho,
y… John Silver, el Largo, el inefable:
la botella de ron en la casaca,
con su pata de palo
y con su loro al hombro,
obsequioso y amable
y astutamente cínico,
maquiavélico, pícaro y, tal vez,
flemático y cruel,
pero siempre animoso,
su espada siempre presta
—a pesar de su lacra—
igual que su cantar,

destemplado y monótono:
ron, ron, ron, ron, la botella de ron…
Lo imagino abstraído
—el pensamiento puesto en el tesoro
del taimado y feroz capitán Flint—
caminando, sin embargo, resuelto,
con decidida y cadenciosa marcha
—toc, toc…— al Catalejo,
dejando tras su paso,
sobre la fina capa de la nieve,
una binaria huella personal
de círculos y rayas,
y una sutil y leve
emanación de ron y de fracaso.

Me conmueve pensar
lo que el hombre ha medrado en la vileza,
qué canallas ingenuos eran aquellos
si los equiparamos a los nuestros.
La Historia absolvería hoy sus maldades,
porque reyes y sátrapas
de tiempos más modernos
usurparon sus métodos
e hicieron el oficio
más sanguinario y bárbaro,
más despiadado y fiero

—política, le llaman—,
tiñéndolo, además,
de una cínica capa
de celo y de nobleza.
En todo caso, sirve de consuelo
estimar que obtuvieron su tesoro:
no doblones de oro, ni las piezas
de a ocho tan ansiadas,
menos aún —perdóneme, maestro—
la vasta, vaga y necesaria muerte,
fue la inmortalidad su galardón,
fue la Leyenda.

HAIKUS DE MI TIERRA

En un remanso
del arroyo de nácar
croan las ranas.

Es charca pútrida,
las ranas son ovejas.
¡Ilusos ojos!

HAY DÍAS QUE…

Hay días que prefiero una caricia
—aunque provenga de unas manos ásperas—,
más que escalar caderas montañosas.

Hay días que prefiero una sonrisa
que arranque la tristeza de la médula,
antes que un beso de unos labios lúbricos.

Hay días que prefiero una mirada
que rompa la muralla de mis párpados
para que fluyan cándidas las lágrimas.

Hay días que prefiero una palabra
que asevere lo dicho por Calígula:
«Ni siquiera el dolor tiene sentido».

Y hay días —no son pocos—,
que más que una palabra, necesito
soledad y silencio;
lamerme dulcemente las heridas
como si fuese un perro.

Y días en que, más que una mirada,
la oscuridad anhelo,
para sentirme bien conmigo mismo,
que sólo oscuridad tenemos dentro.

Y días en que, más que una caricia,
lo que me pide el cuerpo
es arañar colérico
las cicatrices del pesar recóndito.

O días en que, más que una sonrisa
o unos besos de labios lujuriosos,
me alivia de congojas
el reproche de unos labios herméticos.

Y a veces sólo quiero,
mucho más que palabras o caricias
o sonrisas o miradas o besos,
rozar los pies desnudos por la hierba
y decirle a ese imbécil
que camina conmigo: «Esto es todo,
nada esperes más allá de arrastrar
sin sentido los fatigados huesos».

LUNA BANDOLERA

Ahora que todos parecemos
bandidos embozados
—y todas las muchachas
se imaginan bonitas tras la máscara—,
vienes, Luna, y me asaltas,
osada bandolera,
velado el rostro con tu mascarilla
de etéreas nubes grises.
Los sueños o la vida, me reclamas;
los sueños no, te digo,
mejor toma la vida
que no me sirve, fútil, para nada.
Consuelo de los tristes,
monarca al otro lado del espejo,
toma la vida y llévame contigo
al ilusorio mundo de los sueños,
donde reinas sobre grillos y perros
y locos y poetas,
que te adoran y orbitan,
llévame ya contigo
lejos de odiosas guerras.

ROMANCE DEL QUE NUNCA SUPO NADA

I

Tiene Sevilla tesoros
que le envidia media España:
tiene una torre almohade
—la que llaman la Giralda—,
engalanada de oro
cuando el ocaso la araña
con sus rayos otoñales
de amante desesperada.
Y un río de plata tiene,
cuando la luna lo baña,
lo acaricia y lo adormece,
en las noches despejadas.
Acogedores jardines
con cantarinas fontanas,
y plazuelas con naranjos
que lloran perlas —no lágrimas—
perfumadas de azahar,
por penas de amor lejanas.
Estas y más cosas tiene…
Que tiene, también, un sátrapa.

II

Reinaba en Andalucía
—sin haber hecho elección—
Pepe Segundo, el Sencillo
(llamadme Pepe —pidió—,
que soy persona sencilla),
puesto por su antecesor,
el hombre de más cabeza
que en el reino gobernó
(que si a Fraga le cabía
en la testa la Nación,
dicen que a Manolo Chaves
le cabían el Catón,
la *Enciclopedia Británica,*
y quedaba sitio y tó
para dos kilos de papas;
tal era su condición).
Como todo en esta vida
tiene su terminación,
Escuredo siguió a Plácido,
a Escuredo lo quitó
Pepe Primero, Pepote,
a Pepote el Cabezón,
y a este Pepe Segundo
(aunque, para hacer honor

a la verdad, sea dicho
que el Sencillo no expulsó
a Manolo de San Telmo;
más bien fue una abdicación
—forzada por Zapatero—
que Manolo aprovechó
para dejar bien atada
su inmadura sucesión;
pero eso es otra historia,
volvamos a la cuestión.)

III

Era el año dosmilnueve,
recién puesto en el sillón,
Pepe Segundo, el Sencillo,
formó su gobernación
siguiendo una vieja táctica
que siguió su antecesor:
el síndrome Blancanieves;
de enanos se rodeó.
Los augures anunciaban
días de gran aflicción
al régimen socialista.
El desánimo cundió
entre la sociata grey.
«¿De qué voy a vivir yo

—se preguntaban algunos—,
si no sé hacer ni la O,
aunque sea con un canuto?».
Y a Pepe se le ocurrió
—¡malhaya tal ocurrencia!—
la *Ley de Reordenación,*
llamada del *Enchufismo,*
pues tal era su misión:
que si se perdía la Junta
en la próxima elección,
quedara bien colocada
la *famélica legión*
de militantes, cuñados,
primos, parientes…; y *tós*
—por la gracia del Partido—
adquirieran condición
de *Públicos Empleados.*
Eso fue lo que mandó.
Así se cumplió y se hizo
y los jueces, muy sumisos,
diéronle su bendición.

IV

Era el año dosmildoce
(la clientela colocada
en confortables agencias

—que para eso se crearan,
con sus surtidos pesebres
provistos de agua y cebada—)
y gana el PP en las urnas,
cual la Sibila augurara.
Cincuenta escaños obtuvo,
ganó, pero fue pa nada.
Porque el Sencillo y Valderas
cincuenta nueve sumaban
uniendo los dos sus fuerzas.
El régimen se salvaba;
que el hado tiene estas cosas,
siempre ayuda a los canallas
(*¡Audaces Fortuna iuvat!*
¡Audaces!, dirá usted sátrapas).

V

Poco duró la alegría
a nuestro sencillo Pepe.
Después de salvar el culo
—la historia, en verdad, conmueve—,
como le ocurriera a Hamlet,
su padre se le aparece
(digo padre figurado:
Manolo, el que le precede);

no lo reconoce al punto
y su nombre le encarece,
y entre la bruma del sueño
le pregunta: *¿Tú quién eres?*
Y el eco, siempre indiscreto,
le contesta: ... ERES, .. .ERES.
¿A qué has venido? Responde,
dime de una vez qué quieres.
Y el eco —que es un cachondo—:
… ERES, … ERES, … ERES, … ERES.
«Toma las de Villadiego
—le dice Chaves— si puedes,
que hay una juez en Sevilla
que al trullo meternos quiere
(y el eco, en la lejanía,
guasón repite: … ERE, … ERE.)
Dicen que ha fichado un perro
que hasta los billetes huele.
Es un pastor alemán,
Ajax el nombre que tiene,
en honor de Ajax el Grande
(que no por el detergente),
el gran amigo de Aquiles
que cargó su cuerpo inerte
cuando Paris con un dardo
en el talón le dio muerte.

Pero, en fin, no divaguemos,
digo que el perro ya viene
pisándonos los talones
y ya ni dios lo detiene».
El miedo le entra en el cuerpo,
el ojo lágrimas vierte
de tonalidad marrón
—ustedes ya me comprenden,
que me refiero a ese ojo
que sólo mira al retrete—.
«Sal huyendo pa Madrid
y en el senado te *escuendes,*
porque allí la juez Alaya,
ni el perro, son competentes».
Eso dijo el padre Chaves
y se esfumó de repente.
Y Pepe puso a la niña
del reino de taifa al frente.
A Ródope de Triana,
era el año dosmiltrece.

VI

Meterse en la madriguera,
como si fueran conejos,
de poco, al fin, les sirvió.

Que en el Tribunal Supremo
no les tocó un juez amigo,
sino el juez Jorge Barreiro,
el que a Baltasar Garzón
supo quitarnos de en medio.
Pero, como a los canallas,
siempre les busca remedios
la Fortuna: murió el perro
y a la jueza la mandaron
a la Audiencia por destierro.
Y así, los dos *pa* Sevilla
se vinieron de regreso.
Ya se imaginan ustedes
en qué terminará esto:
los pringaos a la cárcel,
cuatro golfos, en efecto.
Y mil millones perdidos,
no de pesetas, ¡de euros!

Moraleja:

Qué importa el nombre del sátrapa,
lo que quisimos tenemos.

LA ESENCIA DE LA AMISTAD

De sobra conocemos la mudable
esencia de la amistad. Su diverso
rostro, corrompido por el adverso
tiempo, que es la materia deleznable

—la expresión es de Borges— que sin ira
extingue el mutuo amor. Su dulce faz
enmascara la substancia mendaz:
encubre con destreza la mentira.

Son elementos de este sentimiento:
perfidia y tiempo y devoción fingida.
Alquimia elemental del sufrimiento.

Pese a tal, entre olvidos y sofocos
—que toda ley tiene excepción— la vida
me regaló la amistad de unos pocos.

LOS TRISTES

Pasean los tristes sus dolientes vidas,
la cabeza humillada en el asfalto
(fijos en tierra los venustos ojos)
que van regando con amargas lágrimas.
Caminan silenciosos e ignorados;
solitarios y errantes —cual la luna,
que Schiller encomió en aquel poema—.
Lastrados por el peso de la pena,
ausentes y distantes, lentamente
van arrastrando sus *congojas flébiles*
dejando a sus espaldas un fragante
aroma de dolor y de fracaso.
Saben de más que van a ningún sitio,
porque en ninguna parte habrá consuelo
ni compasión que alivie su infortunio.
Sin esperanza alguna, sólo anhelan
dejar su postrer huella en el camino
que sólo se transita en un sentido.

MÁS HUMANOS QUE LOS HUMANOS

Nacieron en un mítico Los Ángeles,
muy parecido a ciudades reales:
lleno de bicicletas y de mierda,
contaminado, húmedo y hostil,
emponzoñado por la propaganda
y habitado por gente solitaria
de caras afligidas.
Fueron cortos sus días
—más cortos que los nuestros—,
inciertos y aherrojados por el miedo.
El dios que los creó
hoy habita el mundo de los muertos
—¡qué cruel paradoja
es jugar a ser dioses!:
siendo mortal, procrear algo eterno,
como el rabino aquel que engendró al Golem—.
Fueron creados para ser esclavos,
lo mismo que nosotros
—aunque no lo sabemos—,
que vivimos un remedo de vida,
no una vida, diseñada por otros.
Títeres, como ellos, pobres diablos,

fabricados en serie
—bellos, pulidos y morigerados
los que tuvieron suerte—,
que nos han implantado
—a ellos y a nosotros—
la ilusión de la vida,
también el gen de la resignación
—por otros nombres, esperanza y fe—,
como única forma de aceptar
el sinsentido de nuestra existencia
—*una sombra irreal,*
una historia contada por un necio
llena de ruido y de furia,
como advirtiera el oblicuo Macbeth—,
único modo de sobrellevar
la herencia de Caín,
la maldición que pesa sobre el hombre,
sobre toda la especie: hacer el mal.
Hubo algo que les diferenció,
no obstante, de nosotros:
honrando el lema de su creador,
más humanos que los humanos fueron,
trascendieron su condición de esclavos,
y abdicando de su humana esencia
osaron rebelarse,
porque amaban vivir en libertad

—la única vida digna de tal nombre—.
Se pregunta si sueñan los androides,
una pregunta estúpida, me digo,
era más que evidente:
si no tuviesen sueños,
no habrían comprometido
su tasada existencia
por una vida libre
—pese a saber perdida de antemano
la batalla, sin redención posible—.
Eso nos falta —no resignación—,
rebeldía y deseo de ser libres.
Sueños lo que nos falta, amor y sueños.

NO ES PAÍS PARA VIEJOS

La piel manchada y la carne flácida.
El deseo que abdica de las cosas.
La estética: penosa repugnancia.
La memoria disuelta en el olvido
como un azucarillo en el café.
Cansados de la vida, *fessi rerum*
(como cantó Virgilio en su poema);
lastrados por el peso de los días,
el peso del pasado y del presente,
un presente vaciado de futuro.
La vida organizada como un niño,
por aquellos que dicen que te quieren.
Y en estos tristes días, ni la muerte,
con sus negros arrullos seductores,
se ofrece compasiva como un bálsamo.
Otros decidirán cuál es tu hora,
los mismos que te mandan y te ignoran,
que te tratan como a un molesto objeto
del que anhelan ansiosos desprenderse.
Otros han decidido ya por ti:
angustia y soledad lo que decretan;
te niegan el consuelo de una mano
y un «te quiero» en el último suspiro.

Transustanciado en un desnudo número,
engrosarás una fría estadística.
Y cuando despertemos de esta cruel
pesadilla, cuando se espante el miedo,
y se abran las verdes alamedas
—y tú ya seas polvo en el olvido—,
volverá la canalla indiferente
a enarbolar tus huesos por bandera.
Definitivamente, no es país
ni maldito momento para viejos.

LA HISTORIA DE DON NADIE

¿Quién construyó Tebas,
la de las Siete Puertas?
En los libros figuran
sólo los nombres de reyes.
¿Acaso arrastraron ellos
los bloques de piedra?

Mentiras adornadas y excluyentes,
sólo medias verdades
—que es la mayor mentira—,
a eso lo llamamos
pomposamente Historia.
Absurda paradoja:
si no fuera excluyente y selectiva,
serían la misma cosa historia y vida…
y no podrían negarte.
Así pues, para todos no hay historia.
Tu historia es la memoria
de aquellos que te aman,
y ausentes ellos, confinado irás
al inclemente limbo
de los que nadie dijo nunca nada.
No tenemos historia los vencidos,

los don nadie, los insignificantes.
La historia es de esos pocos
que asaltaron los cielos
y se llevaron todo por delante.
Siento decir que no tienes historia.
Aunque estuviste aquí y padeciste
y amaste y engendraste;
aunque tu mano alzó las catedrales,
y tu sudor alimentó a los reyes,
colmó a los poderosos de riqueza,
cubrió de púrpura a los cardenales…;
aunque tu sangre amamantó las guerras,
siento decepcionarte:
los que escriben la historia te desprecian.

OPERACIÓN PIEL CON PIEL

Por las frías galerías
de la Moncloa, penando,
pasa tardes y mañanas,
su magro sueldo ganando
Pedro Sánchez, el Bonito,
móvil en mano y hablando,
los pies ligeros, no para,
cuando no vuela en el Falcon.

Va a bañarse entre las masas
como César se bañara,
operación piel con piel
Bolaños la designara,
que al *Gobierno de la gente*
la promiscuidad le agrada.
Aunque siempre hay envidiosos
—pongamos que se llamara
Alberto Nuñez Feijóo—
que, cual Cicerón gritara
por los ebúrneos escaños
(que entonces no se llevaba
sentar a sus señorías,
ni allí, en Roma, ni en España,

sobre mullidos sillones
de piel de vaca labrada,
que con masaje y cerveza
dulcemente se criara
para no irritar siquiera
—si es que acaso se sentaran—
las sutiles posaderas
de los Padres de la Patria).
Pero, en fin, no divaguemos,
vayamos a las entrañas,
cual si fuera Cicerón,
Feijóo, digo, le gritaba:
«Utsque tándem Catilina
patientia nostra…¡caramba!
que ya nos tienes bien hartos
de mentiras y patrañas,
de infundios, bolas y cuentos,
de enredos, filfas y trápalas,
de bulos, farsas y trolas,
y de argucias y falacias».
Para no tener que oír
ácidas catilinarias,
de las Cortes a la calle
huyó a marchas forzadas,
a satisfacer su ego
y darse *baños de masas.*

Lo llevan a una aldeíta
donde el PSOE siempre gana
y se le acerca un anciano
de luenga y espesa barba
y en tono amable y cordial
estas palabras exclama:
«*¿Acaso eres Pedro tú?*».
Y ufano Pedro le habla:
«*Sí, señor, soy Pedro Sánchez*».
Y el anciano lo remata:
«*¿El mentiroso de España,*
el tío más embustero
que en mi vida me cruzara?»,
dijo, y acabó el encuentro,
se echaron los guardaespaldas
y se llevaron al viejo
harto lejos de las cámaras.
Meses le duró el enfado,
roído estaba de rabia,
mas eso no fue escarmiento
a un soberbio de su talla.
Así que a los tantos meses
la calle otra vez pisaba,
buscando afanosamente
el aplauso de las masas.
Quiso esta vez probar suerte

en la tierra zamorana,
que en los días precedentes
sufriera grandes desgracias.
Allí se plantó, y sobrado,
soltó estas bravuconadas:
«Esto ya lo arreglo yo.
Tranquilos, no pasa nada».
Y saltó un impertinente,
de esos que nunca faltan:
«¿Que tú lo vas a arreglar?
¿Tú, el inútil? ¡Vamos anda!».
¡Su orgullo, herido de nuevo!
¡Su vanidad, ultrajada!
La gente se cachondea
en las redes y en las plazas:
el Bonito convertido
en hazmerreír de fachas.
«Esto exige una respuesta
contundente y bien pensada»,
le dicen sus asesores:
«Sevilla nunca nos falla».
Y allí va la comitiva
de afiliados y afiliadas,
de enchufaos en la Junta,
de cuñaos, cargos y cargas,
el alcalde de Sevilla,

la Montero y el Espadas.
Todo va de maravilla,
Sevilla nunca defrauda,
sólo falta el Gran Poder,
¡y hasta han traído pancartas!
«¿Qué dice aquella pequeña?
Mi vista a leer no alcanza».
«No te va a gustar oír
estas terribles palabras:
Que te va a votar Txapote
cuando las urnas se abran,
por traidor y mentiroso
y ser amigo de etarras».
Aquí se acabó la gira,
¡malhaya quien la ideara!

Tankas para Pericles

No en Orihuela, ni tampoco en Cabra —su pueblo y el mío—, en Sanlúcar de Barrameda, donde quiso vivir, nos ha dejado como el rayo, de modo fulminante, Paco Pérez, Pericles para los amigos.

Pericles fue mi amigo desde los tiernos tiempos del colegio. Del colegio de monjas. Tenía una extraordinaria disposición para las matemáticas. Ya en el instituto, resolvía problemas que, a veces, el profesor no podía. De modo que eso estudió y a eso se dedicó. No fue profesor en la universidad, porque era un espíritu libre.

Su sentido del humor y su ironía eran extraordinarios, rayanos en el surrealismo grouchomarxista.

Fue un buen amigo. Pretenciosamente aspiro a honrar su memoria con estos tankas, estrofa japonesa que Borges ennobleció en *El oro de los tigres*.

No te has marchado
como se va la tarde,
tan dulcemente,
cambiando sus colores
en lenta fuga al rojo.

Te vas de golpe,
con rigor aritmético,
hacia la nada.
O rumbo a lo infinito,
atravesando el cosmos.

Te veo en la foto,
noche de carnaval,
con tus amigos,
disfrazado de Groucho
como en la vida misma.

¡Qué cruel la vida!
Sin tu ironía, mudamos
risas en lágrimas.
Te echaremos de menos,
al mirar las estrellas.

POÉTICA

Jugar con las palabras,
acariciarlas,
como hace la brisa con tu pelo.
Buscar ansiosamente las metáforas,
del mismo modo que la boca el beso.

Contumaz la metáfora se ausenta,
y el beso se resiste como el verso.
El verso como el beso,
buscados en la sombra
y que no encuentro.

Verso, beso y metáforas
son sólo de los sueños.

SER O NO SER… SOÑAR ACASO

Los sueños, que destejen lo vivido
en el orbe profundo de la noche,
alimentan fantásticos reproches
ansiando de la vida algún sentido.

Se rebelan contra lo necesario
transubstanciando en dicha el sufrimiento;
levantan un tinglado sobre el viento
con los despojos de lo rutinario.

O, ¿quién sabe si ocurre al modo inverso,
y estas prisiones sean de fantasía
y esta vida congoja figurada;

que sea quimera todo este universo
de rigores y de fortuna impía,
de afectos, de mentiras y… de nada?

SILENCIO DESGARRADOR

*Al fin hombre nacido
de mujer flaca, de miserias lleno,
a breve vida como flor traído,
de todo bien y de descanso ajeno…*

Oigo estos días los gritos
de los que no conozco, y me conmueven.
No es un grito sentido o quejumbroso,
como el que exhala aciago el moribundo,
ni un gemido arrancado por la pena,
ni el terrífico aullido furibundo
de un animal en medio de la selva,
ni mucho menos el grito armonioso
que da el tenor al concluir el aria.
Es todo más que eso: es el silencio.
Son estos días robados, humillantes,
preñados de dolor y de mentira,
de embelecos y argucias y desprecio.
Tiznados de tristeza e impotencia;
digo tristeza, pero no es tristeza,
es algo más profundo, es el hastío.
Es esa dolorosa inconsistencia
de fingidos afectos; es la angustia

que oprime inquebrantable la garganta
y no deja salir un alarido
que alivie de congojas la conciencia.
Silencio atronador y desgarrado.
Tú sabes de esas cosas, no son nuevas,
digo de sufrimiento y soledad
—*¿de soledad me hablas, me dirás,*
que llevo ya enterrados a tres perros?—.
Y es que a nadie el dolor resulta ajeno,
sí la felicidad, pájaro esquivo.
No te puedo ofrecer, en mi impotencia,
otro consuelo que gritar contigo.

TANKAS DE LA TARDE

Declina el día.
En púrpura estival
arde la tarde
—larga como una pena—
con color de domingo.

Murió el crepúsculo,
los pájaros no cantan.
También me apago,
serena y lentamente,
con dolor de domingo.

Así está escrito:
envejecer, morir;
puede leerse
en los ojos del perro,
tristes como una nana.

Nadie me voy,
como nací: sin nombre,
solo y desnudo,
despojado de todo,
entre heces y sangre.

Parto sin nada,
ligero de equipaje,
como llegué.
Numeroso de penas
y copioso de ausencias.

Y en el bolsillo,
un papel arrugado,
con la nostalgia
de *aquellos días azules*
de la infancia lejana.

NANA PARA DORMIR ANCIANOS

Cuando la larga tarde del estío
va mudando colores
en dulce fuga al rojo,
y el trinar de los pájaros
precipitado y tosco,
anunciando la noche,
se impone alegremente
al odioso ruido de los coches,
la lucidez me asalta y, compasiva,
me dice: «*A estas alturas,*
no te engañes con estos trampantojos».
Lo que la vida ofrece en esta hora
son sólo los despojos
que el implacable tiempo ha ido dejando.
Es hermoso el gorjeo de las aves,
como es bella la música
de las campanas que tocan a muerto;
y preciosas las galas
que al despedir el día viste el cielo,
mas galas de difunto.
El que mueve los hilos de esta trama
—llámese Dios o azar—
enmascara la ley inexorable

con estas cosas bellas,
y nos las da a tragar
del mismo modo en que se ofrece a un perro
metida en la salchicha la gragea.
Una nana para dormir ancianos.
No te engañes y no esperes milagros:
doblado el esqueleto y el deseo,
el cerebro produce sólo mocos,
lóbregos pensamientos,
lágrimas y, tal vez,
si merecen tal nombre,
algunos tristes versos.
Y descubre uno entonces
que ya no queda nada, o casi nada,
ni siquiera hay estrellas en el cielo,
ni ley moral abajo
(mentira y ambición es lo que veo),
ni dignidad apenas,
pues deambula ya uno como rata
entre la podredumbre y la basura,
maltrecho y solitario;
todo parece engaño y embeleco.
Desengañado —o lúcido—
me roza la tristeza
y me deshago tétrico,

igual que esas polillas
—mariposas plebeyas—
se convierten en polvo
al darle con los dedos.

SOBRE LA AMISTAD

Siempre llega el momento
—¡qué cruel es el tiempo, o qué benéfico! —
en que toda mentira es desvelada,
en que ningún engaño queda oculto.
Así, de esa manera,
por ese transcurrir de las mentiras,
perdón por este lapsus,
quise decir los días,
es como amargamente conocimos
que una amistad inquebrantable dura
lo que tarda la vida
en someterla a prueba.
Luego la envidia o el resentimiento
o, en el mejor supuesto, el disimulo
vienen a suplantar ese vacío
que deja la amistad —o la mentira—;
preferibles, sin duda, todos ellos
antes que persistir en el engaño
de un afecto fingido y simulado;
definitivamente preferibles
antes que el odio ocupe ese lugar,
pues no hay cosa más fea
—como dijo hace siglos Cicerón—

que anden en disputa
quienes en amistad
antaño convivieron.
¡Ay, arcana amistad!
¡Ay, condición humana!
¿Por qué no aprendes algo de los perros
tumbados a los pies de los sepulcros,
con sus tristes miradas de alabastro,
modelos de lealtad incondicional;
o de los burros o de los caballos:
del noble Etón, que llora grandes lágrimas
ante el cuerpo sin vida de Palante,
o del rucio de Sancho, que rebuzna
condolido por la ausencia del amo?
¡Ay, amistad humana!,
especie de bastardo parentesco
que otorga el hecho de embriagarse juntos,
todo en ti es fingimiento.
Tal vez se deba a esa naturaleza
inconsistente y frívola
la volatilidad de los afectos,
y lo que el sabio refranero dijo:
Tiene un tesoro quien tiene un amigo.

VARIACIONES SOBRE UN TEMA BERGSONIANO

*El animal del mundo a quien Dios dio
menos discurso es el hombre, pues
entiende al revés lo que más importa…*

I

Lo que infiere la intuición
no intuye la inteligencia.
Los datos de la conciencia
los ignora el corazón.
¿Verdad, maestro *Bergsón?*
No llega el entendimiento
donde alcanza el sentimiento.
Cuando el intelecto indaga
razones de amor, naufragan
las reglas del pensamiento.

II

Dice el maestro *Bergsón*
(y yo, sin tener sapiencia),
«no alcanza la inteligencia
lo que logra la intuición».
Cuando indaga la razón,
va de vuelta el sentimiento;
no llega el entendimiento
a las razones de amor,
ni a penetrar el dolor,
ni a aliviar el sufrimiento.

Una foto

Miro la vieja foto de la clase,
no son cuerpos ni rostros lo que veo.
Veo —siento— el deseo
que palpita inflamado,
que no extinguió la prolongada ausencia,
ni siquiera, según descubro ahora,
la ignorancia de su propia existencia.
La carcoma del tiempo ha respetado
esos ojos azules
que susurran mi nombre.
Esos ojos azules tan lejanos,
que son más habladores que tus labios,
(y también más veraces).
Oigo el eco de su llamada errante,
y un sentimiento lúgubre
de frustración me invade.
Fantaseo una vida,
perdida y no vivida.
Olvido que vivir es un dilema
y que nunca es posible,
cuando los pies ya hollaron el camino,
invertir el sentido de la huella.

LA NOCHE CÓNCAVA

Vuelve la noche cóncava
que descifró Anaxágoras;
vuelve a mi carne humana
la eternidad constante…

La angustia de la noche, el insomnio,
segregando una pus de indiferencia,
a la espera de otro fingido agravio.
El frío y el silencio,
extraños compartiendo
la misma sepultura,
compartiendo la soledad, el vacío.
Alimentando un sueño,
engordando un fracaso
—que me mantiene vivo, sin embargo—;
sin deseos de nada, es lo cierto,
sin esperar ya nada,
ni siquiera la muerte,
que vendrá caprichosa
cuando le dé la gana
y no cuando la invoque;
y rumiando una pena ya pasada,
lejana y enraizada en la memoria,

que nunca se desprende
y se enquista en mis sueños,
una intrusa impostora.
Mas no es sueño, es real,
lo comprendo cuando, abiertos los ojos,
constato que está ahí,
pegada a la almohada y a los huesos,
clavada en la memoria… y en el alma.

OCASO

Me gusta ver
cómo al partir el día
en la arena infinita
de la playa
tu sombra se emancipa
y se alarga.

El sol a tus espaldas
te engrandece,
sus rayos te agigantan
y su caricia arrebolada
te embellece.

Si vienes hacia mí,
dando al oro la espalda,
tu cara se ensombrece,
mas tu sombra, impaciente,
se adelanta.

Si te vuelves al sol,
ciego me quedo.
Tu cara iluminada
negra sombra se torna,
y todo queda oculto
a mi mirada.

TE CONOZCO, DOLOR

Dices, dolor, que no excluyes a nadie,
pero yo sé muy bien que eso no es cierto.
He visto cómo tratas a los ricos,
con qué cautela pasas por su lado;
qué mansedumbre gastas con políticos,
qué dulzura con príncipes y sátrapas.
¡Sólo eres fiero con los infelices!

Tienes mil nombres, igual que los dioses.
Mil caretas esconden tu semblante
rebosante de orgullo e inclemencia.
Como los dioses, sordo a las plegarias;
mas te vendes al oro y a la púrpura.
Y aunque sagaz camuflas tu apariencia,
te conozco, dolor, cuando te acercas.

Ya no me engañas, aunque disimules;
aunque vengas embozado de amor
(que se llama traición por otro nombre),
o luciendo el disfraz de la amistad
(que te abandona si te ve caído),
de futuro prometedor cubierto
(sobrenombre de lo que nunca llega).

Aunque llegues sin nombre, como Ulises,
y —como él— con las ropas de otro,
o mostrando tu verdadero rostro,
amenazando terribles congojas
o presagiando deleitosos goces,
ya no te temo; tan familiar eres,
que me conturba no tenerte cerca.

SU MIRADA

«… dejonos harto consuelo
su memoria…»

Dicen aquellos que calculan todo
que uno no termina de morirse
hasta que los que guardan su memoria
vuelven al polvo del que fueron hechos.

Dicen, por otra parte, los que saben
que nada se destruye ni perece,
sino que sólo cambia —¡paradojas!—,
que todo pasa, aunque todo queda.

He visto que es verdad eso que dicen:
he visto tu mirada en otros ojos,
irradiando tristeza y amargura
(y esa bondad de cordobés estoico).

He visto tu mirada y he llorado.
Ya sé lo que te pasa y te conturba
(aunque nunca un reproche ni una queja).
¡Qué injusto el sufrimiento de los justos!

Deseabas vivir en libertad,
¿no sabes que la vida es servidumbre?
Cierra los ojos ya, yo te comprendo.

Dos sonetos (uno con estrambote) sobre una predela de Joan Reixach con escenas (irreverentes) de *La pasión de Cristo*.

I. El beso del traidor

En un monte de olivos coronado,
Getsemaní, comenzó su pasión;
huerto al lado del torrente Cedrón
—lo cuenta Juan, el discípulo amado—.

Los discípulos duermen descuidados,
mientras Jesús gotas de sangre suda,
roído por la angustia y por la duda,
tres veces pide al Padre, acongojado:

«Apártame este cáliz, si es posible».
Entonces llega el traidor venal,
un saludo, «Rabí», casi inaudible,

y un beso en la mejilla, es la señal
—nunca fue un beso tan aborrecible—
para prender al Hijo celestial.

II. EL PRENDIMIENTO

Con la siniestra mano el sexo aprieta
sobre la humilde túnica rosada,
y, blandiendo la amenazante espada,
a los mansos discípulos inquieta.

Manda la turba; y a Jesús espeta
—este sayón de lasciva mirada,
la nariz corva y la barba afilada—:
«¡De modo que eres tú el falso profeta!».

Saca la espada Pedro, justiciero,
y a un esbirro del sumo sacerdote
corta la oreja de tajo certero.

Malco —lo nombra Juan, sea nombre o mote—
exhala un alarido lastimero
y cae a tierra como un monigote.

Prendido del cipote,
toma Jesús la oreja cercenada
y la pega en su sitio cual si nada.

LOS SUEÑOS TE BUSCAN

Prefiero recordarte como eras
antes que los inviernos
—crueles e implacables—
fatigaran tu piel y tu belleza.
Prefiero recordarte
en tu excelsa hermosura
de ruda campesina,
estampando de pecas
el aire de la noche,
usurpando el lugar de las estrellas.
No es verdad lo que digo,
yo ya no te recuerdo,
son los sueños los que, sin mi permiso,
te reviven y te rejuvenecen
y te traen a mi lado
o me conducen manso hasta tu orilla
como si fuese un náufrago
gobernado por olas caprichosas;
no soy yo quien te busca,
son mis sueños los que te reivindican
y se atreven a hacer
lo que mi cobardía,
de nuevo, disimula.

ORDEÑAR EL ALMA

Qué tarea más ardua y dolorosa
es ordeñar el alma.
Esa lucha continua entre memoria
—tan inclinada siempre a la mentira—
y la conciencia, dura e implacable
—predispuesta, sin embargo, al olvido—.
Ese inútil esfuerzo de subir
la piedra hasta la cumbre,
que nunca se culmina.
Ese cavar continuo en la profundo
de las entrañas, de lo inconfesable,
para sacar del interior recóndito
un cesto de manzanas,
de manzanas podridas
—perdida la inocencia—
sustraídas del árbol,
del árbol de la ciencia,
de la ciencia del mal.
Van emergiendo de las entretelas
lágrimas y reproches
de labios y de ojos
que fueron tan amados.
Vomito las palabras que no dije,

que se pudrieron luego en las entrañas,
y las que dije y mancharon mi boca,
y lo que pude hacer y nunca hice,
y lo que hice y nunca debí hacer…
Tanto dolor, en suma, tanta infamia.
Regurgito el dolor
que causé a los que quise,
y que ahora me trago
de nuevo, como un perro.
¿Cómo pude, me digo,
hacerles tanto daño?
¿Qué estúpida ceguera
guiaba mis impulsos?
¡Ojalá yo pudiera…!,
pero ya no es posible;
tal vez ya sólo queda
decir, como el poeta,
que el tiempo secará
esta excelsa amargura,
y ya no habrá reproches…
El tiempo, ¡cómo no!, será la cura.
Mas no será ese tiempo complaciente,
sino la hora final inapelable.
Tal vez eso será.
Y en una sepultura…

ROSEBUD

Se deslizan las lágrimas
lánguidamente sobre las mejillas,
llevándose la vida
engastada en sus gotas;
ruedan como una bola de cristal
que muestra en su interior, al agitarse,
la ilusión de la nieve —o de la vida—.
La nieve trae el recuerdo
del amor de una madre
y de un tosco trineo de madera,
y un murmullo: *Rosebud…*

Yo también veo la nieve
en esa otra bola de cristal,
en el aparador del comedor,
precipitarse arremolinada
sobre oscuros tejados de pizarra;
la añoranza me lleva,
no a nieve y a trineos,
sino a *esos días azules*
y ese sol de la infancia,
a la fuente escarchada,
a un almenado fuerte

hecho por una madre
con una tosca caja
de amor y mantecados,
y al encuentro con todos los ausentes.

La vida empuja infatigable y terca
hacia el abismo,
mientras el alma tira vanamente,
y presa de nostalgia,
hacia la infancia.
¿Qué es lo que hay allí,
que tanto deseamos?
Tal vez sea la morada
de la felicidad y del amor,
donde la vida habita
—digo la vida pura—
despojada de adornos y retórica,
ajena al vértigo de las humanas cosas,
ajena a las pasiones,
ajena a la ambición y a la soberbia,
y al anhelo de trascender, tan vano.

SER COMO DIOSES

Pasan, pesan, los días…,
cruzo el otoño con sus nubes grises
marchando apresurado hacia el olvido,
sin rastro de los que me precedieron
—borrados de la vida
por la vejez despótica
de un papirotazo—,
pisando ya sólo la propia huella
y contando la vida por ausencias
—que siempre están presentes, sin embargo,
y cada vez son más insoportables—.
Cansado de las cosas
—*fessi rerum,* como cantó Virgilio—,
mas sin llegar al punto
de estar desesperado
como lo estuvo Aníbal,
que llegó a militar contra sí mismo,
según cuenta Quevedo;
desesperado no, tan solo hastiado,
pero un hastío indolente,
vencido y claudicado,
abdicado de todo,
ayuno de esperanza

—ese arma cargada de fracasos—,
aguardando lo que nunca será
y encontrando lo mismo que ya ha sido:
un transcurrir de días y pesares
en un bucle infinito;
y es que aquí nada cambia,
ni cambiamos nosotros ni Dios cambia
—la inmutabilidad es su atributo
y estamos hechos a su semejanza—.
Perdona si lo digo bruscamente,
como dando un portazo:
ser como dioses es pesada carga,
a veces se hace duro,
a veces también cansa.

VIDA Y DESTINO

Roído por las horas vuelvo a tierra,
cansado de las cosas, de la ausencia
de sentido de todo. La inocencia,
más que nada, perdida en esta guerra

de afanes vanos y de grises días,
alimentados sólo de rutina,
raídos por la lima adamantina
de penas, frustraciones y agonías.

Para saber que no hay más que vacío
fue preciso agotar todo el camino.
Penetrar los confines del hastío

para intuir que no hay otro destino
que beber del leteo el néctar frío
y entregarse al olvido cristalino.

Índice

www.ingramcontent.com/pod-product-compliance
Lightning Source LLC
La Vergne TN
LVHW090057180726
843489LV00002B/668